LA BOTANIQUE

SON OBJET — SON IMPORTANCE

Leçon d'Ouverture faite à la Faculté des Sciences de Nancy
(16 mars 1872)

PAR

A. MILLARDET

> Bonarum artium litterarumque incrementis non eam, ut reor, bellorum clades, populorumque novitates intulere labem, quam inversa studiorum methodus, artiumque incongrua electio..... Rerum natura tenebris involuta, cum solo analogismo pateat, tota percurrenda venit, ut mediantibus simplicioribus machinis, in sensum facilius occurrentibus, implicatiores retenamus.
>
> Marc. Malpighii. *Anatome plantarum idea.*

MONTPELLIER

TYPOGRAPHIE DE BOEHM ET FILS, PLACE DE L'OBSERVATOIRE
ÉDITEURS DU MONTPELLIER MÉDICAL

1872

LA BOTANIQUE

SON OBJET. — SON IMPORTANCE

Leçon d'Ouverture faite à la Faculté des Sciences de Nancy

(16 mars 1872)

PAR

A. MILLARDET

> Bonarum artium litterarumque incrementis non eam, ut reor, bellorum clades, populorumque novitates intulere labem, quam inversa studiorum methodus, artiumque incongrua electio..... Rerum natura tenebris involuta, cum solo analogismo pateat, tota percurrenda venit, ut mediantibus simplicioribus machinis, in sensum facilius occurrentibus, implicatiores retenamus.
>
> MARC. MALPIGHII. *Anatom., plantarum idea.*

MONTPELLIER

TYPOGRAPHIE DE BOEHM ET FILS, PLACE DE L'OBSERVATOIRE

ÉDITEURS DU MONTPELLIER MÉDICAL.

1872

Extrait de la REVUE DES SCIENCES NATURELLES.

Montpellier. — Typogr. BOEHM et FILS.

LA BOTANIQUE

SON OBJET, SON IMPORTANCE

LEÇON D'OUVERTURE *faite à la Faculté des Sciences de Nancy.*

MESSIEURS,

La connaissance des lois qui président à la vie végétale est un des problèmes les plus ardus qui soient proposés à l'esprit humain. Les phénomènes biologiques sont tellement multipliés et variés, leur dépendance mutuelle est si intime, qu'en abordant leur étude on sent en premier lieu le besoin d'une analyse attentive et minutieuse, afin d'arriver d'abord à les distinguer et à les comprendre. C'est cette analyse que je compte faire dans la suite de ces leçons; mais il ne faut pas oublier qu'elle n'est pour ainsi dire que le préambule de la science. En effet, s'il est vrai qu'une distinction méthodique et une exposition spéciale de chaque fait en particulier engendrent la clarté et la facilité, en éloignant de notre esprit tout ce qui est étranger à un certain point de vue, il n'est pas moins évident que nous ne saurions acquérir ainsi une intelligence complète des choses. Les rapports prochains sont les seuls que l'esprit puisse saisir par ce procédé; l'harmonie générale lui échappe, et la science ne semble plus qu'un chaos de vérités sans liaisons, bonnes tout au plus à servir d'aliment à la curiosité. Il est donc nécessaire, après l'étude préalable dont je viens de parler, de se placer à un point de vue plus élevé; d'envisager chaque phénomène sous toutes ses faces; d'embrasser d'un seul coup d'œil un grand nombre d'objets, afin de découvrir leurs relations et d'arriver ainsi à les coordonner. Grâce à ce second travail, il devient possible, en s'élevant à des vues de plus en plus générales, de donner à chaque objet sa couleur propre, à chaque fait sa véritable importance, à la science tout entière la vie et la fécondité qui résultent de l'harmonie de ses diverses parties.

Ce sont quelques-unes de ces considérations générales, difficiles à présenter isolément dans le cours de l'enseignement, que je vais essayer de réunir et de résumer ici. Elles ont pour but de répondre à deux questions que je me suis entendu poser souvent : Qu'est-ce que la Botanique ? Quelle est son importance ?

Qu'est-ce que la Botanique ? La réponse à cette question sera à la fois une définition de l'objet que nous nous proposons dans l'étude de cette science et le programme de nos prochaines leçons.

Les végétaux aussi bien que les parties qui les constituent peuvent être envisagés à deux points de vue généraux très-distincts : au point de vue de leur *forme* et à celui de leurs *fonctions*; de là une première division de la Botanique en MORPHOLOGIE et PHYSIOLOGIE.

Un exemple fera saisir la différence essentielle qui existe entre ces deux manières de considérer un seul et même objet. S'agit-il d'étudier la vrille de la vigne au point de vue *Morphologique* : il faudra porter son attention sur la forme, la couleur et les autres caractères extérieurs de cet organe ; reconnaître sa structure ; déterminer sa position sur la tige aussi bien que ses rapports de disposition relativement aux autres parties de même espèce ou d'espèce différente ; enfin rechercher si cette vrille est un organe *sui generis* ou un autre organe transformé. Au point de vue *Physiologique*, il sera nécessaire de définir d'abord la fonction spéciale de l'organe dont nous parlons ; de déterminer par l'analyse les différents actes dont cette fonction est composée, ainsi que le siège de chacun d'eux ; d'observer leur production, leur succession, leurs différents rapports ; de montrer quelle est l'action des divers agents sur ces phénomènes, quels sont ceux qui les favorisent, ceux qui les empêchent ; en un mot, il faudra non-seulement découvrir la cause de tous ces actes physiologiques pris séparément, et rechercher dans quel rapport elle est avec son effet, mais encore reconnaître dans quelle mesure chacun de ces actes contribue à l'accomplissement de la fonction.

En résumé, par la MORPHOLOGIE nous recherchons le mode ; par la PHYSIOLOGIE, la cause.

L'ordre logique veut que l'étude de la première de ces branches de la Botanique précède celle plus difficile de la Physiologie.

Si les formes organiques étaient, comme celles du monde minéral, toujours invariables et semblables à elles-mêmes d'un individu à un autre, la Morphologie, en les déterminant dans l'espace, suffirait à nous en donner une connaissance complète ; mais les variations continuelles qu'elles présentent exigent que l'on ajoute à cette première notion leur détermination dans le temps. Ce nouveau moyen de définir la forme nous est fourni par la Morphogénie. Ainsi que l'indique l'étymologie, cette branche de la Morphologie constitue l'histoire de la forme ; elle nous montre le point de départ de chaque être, de chaque organe ; nous fait assister à leur naissance ; nous rend témoins de leur évolution, de leurs transformations successives, et finalement de leur décadence. La Morphogénie est le plus puissant auxiliaire que nous ayons dans la recherche de la nature véritable et des affinités de certaines formes. Les conclusions auxquelles elle nous conduit, loin d'être trompeuses et ambiguës comme celles que nous fournit souvent l'analogie, offrent au contraire le plus haut degré de certitude.

La Morphologie proprement dite et la Morphogénie se complètent donc l'une l'autre et doivent intervenir simultanément dans la solution de tout problème morphologique.

La Morphologie se divise en GÉNÉRALE et SPÉCIALE : l'utilité de cette distinction ressortira des développements qui suivent [1].

---

[1]. Dans l'étude d'une science, rien n'est plus important que la méthode : c'est elle qui éclaire l'investigateur et donne aux faits la couleur et le relief. Il ne me semble

Toutes les formes végétales sont du ressort de la Morphologie, depuis les plus complexes jusqu'aux plus simples. Les organes élémentaires appartiennent à cette dernière classe de formes, et comme ils dérivent tous sans exception de la cellule, c'est par la considération générale de celle-ci que doit débuter la Morphologie générale. La Morphologie de la *cellule* forme donc le premier chapitre de la science dont nous parlons. Elle a pour objet l'étude générale de la forme, de la constitution, des éléments et du développement de la cellule végétale, suivant les lieux et les types.

Comme dans les végétaux, les diverses formes de cellules, au au lieu d'être disséminées et mélangées sans ordre, sont groupées ensemble d'après leurs ressemblances, de manière à constituer autant de tissus de structure très-différente ; à la Morphologie de la cellule devra succéder la Morphologie et la Morphogénie des différents *tissus*, c'est-à-dire l'Histiologie et l'Histiogénie. C'est dans ce second chapitre que seront traitées les propriétés morphologiques du parenchyme, des tissus épidermique, fibreux, vasculaire, etc.

Jusqu'ici nous n'avons considéré que les propriétés morphologiques des parties constituantes élémentaires de l'organisme

---

donc pas inutile de préciser davantage, en les développant, les points de vue généraux qui nous occupent. La classification méthodique des différentes doctrines qui composent une science doit marcher de pair avec les progrès de ces dernières, sinon les devancer. C'est ce qui n'a pas toujours eu lieu pour la Botanique, et ce qui justifie cet essai. Un travail de ce genre n'est point facile. Il faut se tenir en garde à la fois et contre l'excès et contre l'insuffisance de la systématisation. Je crois n'avoir innové que là où la nécessité l'exigeait. En général, ainsi qu'on le verra, je me suis souvent inspiré de l'excellent *Traité de Botanique* de M. Sachs (2e édition), pour la Morphologie générale notamment.

MORPHOLOGIE.

A. Première partie : Morphologie GÉNÉRALE.

1. Morphologie de la *cellule*.

1. Constitution générale de la cellule. Membrane. Protoplasma et nucléus. Chlorophylle et pigments de la même série. Aleurone et crystalloïdes. Liquide cellulaire et ses pigments. Amidon. Inuline. Glycosides. Matières grasses, résineuses. . . . . Substances minérales.

2. Formation et développement de la cellule.

végétal; il nous reste à étudier la Morphologie générale de cet *organisme* lui-même. Les formes si nombreuses de ce dernier se divisent assez naturellement en deux grands groupes, celui des Thallophytes et celui des Cormophytes, ou plantes dépourvues et pourvues de tronc. Chacun de ces groupes prête à de nouvelles considérations suivant que l'organisme conserve une forme simple ou qu'il se divise. Quelles sont les lois qui président à cette division; dans quelle direction a-t-elle lieu; quel est l'ordre successif dans lequel ces nouveaux membres s'ajoutent au corps végétal primitif; comment peut-on les distinguer et les classer; quel est leur point de départ et leur mode de développement; enfin de quels tissus sont-ils composés et quelle est la disposition réciproque de ces derniers? Telles sont les principales questions dont la discussion compose cette troisième partie de la Morphologie.

Les divers points de vue auxquels nous venons de nous placer successivement nous permettent d'arriver à une connaissance aussi complète que possible des lois générales de la Morphologie, dans l'ordre habituel des choses. Mais à côté des formes normales, qui seules nous ont occupés jusqu'ici, il s'en présente quelquefois d'exceptionnelles, qui, à première vue, paraissent sortir du cadre commun. Elles font l'objet de la *Tératologie*. Grâce surtout à la Morphogénie, il est devenu possible de subordonner

---

II. Morphologie des *tissus*.

1. Formation des tissus. Moyens d'union des cellules. — Méats. Lacunes. Canaux aérifères, résinifères, gommifères.

2. Diverses espèces de tissus. Leur état primordial. — Tissu épidermique. Épiderme. Cuticule. Poils. Aiguillons. Stomates. — Tissu subéreux. Périderme. Rytidome (Borke). Lenticelles. — Tiss uparenchymateux, vert ou incolore, avec ou sans méats. Collenchyme. Parenchyme glandulaire, Scléreux, Ligneux et du liber. — Tissu prosenchymateux. Prosenchyme libriforme. Prosenchyme trachéiforme. Trachéides. — Tissu vasculaire. Vaisseaux proprement dits (aérifères). Vaisseaux propres (laticifères), criblés lymphatiques, utriculeux.

3. Divers systèmes de tissus. — Système cortical (structure et développement), fibro-vasculaire (structure et développement), fondamental (Sachs) (structure et développement).

aux lois mêmes qu'elles semblaient violer ces formes anomales ; elles ne sont plus des aberrations de la puissance formatrice, mais des ébauches dont l'imperfection même sert à nous déceler la marche que suit la Nature dans l'exécution de ses chefs-d'œuvre.

L'ensemble des trois doctrines que je viens d'exposer : Morphologie normale ou anomale de la *cellule*, des *tissus*, des *organismes*, constitue la Morphologie GÉNÉRALE, c'est-à-dire cette partie de la science qui considère les rapports généraux de la forme. Mais, outre ces rapports généraux qui seuls nous ont occupés jusqu'à présent, il en existe d'autres non moins importants à connaître: ce sont les rapports spéciaux. Tandis que dans l'étude des premiers nous avons été obligés de considérer la forme d'une façon abstraite, en la dépouillant par la pensée de ses connexions prochaines dont la considération était étrangère à notre sujet, nous devons, pour arriver à la connaissance des seconds, nous placer au point de vue purement concret, et restituer aux objets ce caractère de réalité, cette diversité de relations qu'ils offrent dans la nature. Le moyen d'arriver à ce but, c'est l'étude morphologique de l'individu. Ainsi se trouve constituée, par la considération des formes individuelles, une nouvelle branche de la

---

III. Morphologie de l'*organisme végétal*.

1. Deux formes générales de l'organisme végétal; (le Thallophyte. deux expressions générales de la forme de l'organisme végétal (le Cormophyte

2. Parties distinctes de ces deux formes générales. Différents termes de ces deux expressions. — Tige et feuille. Accroissement terminal des feuilles et des formations axiles. Accroissement intercalaire des feuilles et des formations axiles. Allongement des feuilles et des formations axiles ; leur accroissement dans différentes directions. Systèmes de tissus qui les constituent. — Poil. Accroissement. Poil chez les Thallophytes. — Racine. Racine principale. Accroissement terminal. Piléorhize. Systèmes de tissus qui la constituent.

3. Origine différente des parties de l'organisme végétal. — Axes foliaires issus de Thalles. Axes foliaires issus de feuilles. Formations adventives issues de racines. Bourgeons adventifs issus de diverses parties. Axe principal issu de la cellule germinative. Axes latéraux normaux issus du point végétatif ; leur arrangement basifuge ; leurs rapports de nombre relativement aux feuilles ; leurs rapports de position relativement aux feuilles ; les rapports que présente l'époque de leur apparition relativement à celle des feuilles.

Morphologie que nous appellerons SPÉCIALE, par opposition à la précédente ou Morphologie GÉNÉRALE.

Le champ ouvert à la Morphologie SPÉCIALE est presque sans bornes. Ce n'est point assez pour elle d'étudier les formes extérieures, de tracer l'anatomie, de suivre le développement progressif de chaque organe dans toutes les espèces de végétaux connus; elle va plus loin encore et poursuit les variations morphologiques jusque dans les variétés, dans les formes, dans les individus de chaque espèce. Un travail aussi immense et aussi minutieux ne peut être utile que s'il est fait au point de vue comparatif. Aussi la méthode comparative appartient essentiellement à la Morphologie spéciale ; c'est elle qui a produit l'organographie comparée, l'Anatomie comparée, la Morphogénie comparée. C'est grâce à elle qu'il nous est donné de découvrir dans les formes individuelles des rapports de différents degrés qui nous permettent une classification méthodique des végétaux. La Morphologie spéciale est donc la base sur laquelle repose la classification, ou, si l'on veut, la seconde n'est que l'expression abrégée, la formule de la première ; elles sont inséparables.

Après les affinités des formes végétales, il reste à étudier leurs rapports de distribution à la surface du globe, les lois qui prési-

---

4. Ramification. — Thalle. Racines. Feuilles. Axes foliaires.

5. Disposition des feuilles sur la tige.

6. Directions d'accroissement. — Direction de l'axe d'accroissement. Rapports de symétrie. Régularité.

7. Formes typiques principales des tiges, feuilles, racines.

8. Métamorphose.

9. Alternance de génération.

10. Tératologie générale ; anomalies de nombre des parties :

a) Proliférations axillaires (latérales?) Dédoublement. Multiplication.

b) Développement. Arrêts. Avortement. Atrophie ; végétation devenant définie. — Excès. Hypertrophie. Prolifération centrale ; végétation devenant indéfinie.

c) Accroissement. — Régularité. Pélorie. Irrégularité. Fasciation. Torsion, etc.

d) Rapports de position. — Rapprochement. Soudure. Contraction. Éloignement : transversal, longitudinal.

e) Métamorphose : ascendante, descendante.

dent à leur groupement et à leur dissémination, leurs migrations, les limites dans lesquelles elles peuvent s'acclimater. L'ensemble de ces faits constitue la *Géographie botanique*. Au point de vue purement morphologique, cette partie de la science ne serait qu'une sorte de statistique des espèces, genres ou familles croissant dans tel pays, tel climat, telles conditions; une nomenclature fastidieuse et sans fin dont l'esprit pourrait à peine retenir quelques termes, parce que les raisons d'être de leur groupement lui échapperaient. Aussi étudierons-nous cette question au point de vue physiologique, ainsi que l'a fait A. de Candolle. Nous considérerons la distribution des plantes comme l'accomplissement d'une fonction. En effet, c'est l'action de la lumière, de la chaleur, de l'humidité, de la constitution physique et chimique du sol, qui règle la santé des individus, favorise ou diminue leur développement et leur fécondité, détermine leur prépondérance ou leur diminution dans la flore d'une contrée. Ce sont les vents, les courants d'eau, les animaux, l'homme enfin, qui règlent les migrations des espèces; tandis que les chaines de montagnes, les bras de mer et les déserts limitent leurs aires de distribution. Toutes ces questions rentrent dans le domaine de la Physiologie.

B. Deuxième partie.

Morphologie, Tératologie, Géographie et Paléontogie SPÉCIALES des différentes classes et familles du règne végétal.

Enumération de ces divers groupes :

. . . .

. . . .

PHYSIOLOGIE.

A. Physiologie des *tissus* et de leurs *éléments* (fonctions cellulaires).

I. Composition générale de la substance végétale. — Corps simples. Sels minéraux. Principes immédiats.

II. Propriétés physico-chimiques et physiologiques de la substance végétale; phénomènes de son développement; ses divers états moléculaires. La membrane de cellulose jeune...... Capillarité. Imbibition. Diffusion (transpiration). — La membrane de cellulose cuticularisée; lignifiée; minéralisée; etc. L'amidon et ses congénères Le protoplasma et ses congénères. La chlorophylle et ses con-

Les mêmes considérations sont applicables à la *Paléontologie botanique*, c'est-à-dire à cette partie de la science qui traite de l'apparition des formes végétales à la surface du globe, de la composition des flores aux différentes périodes géologiques et de la géographie botanique à ces mêmes époques. Sans doute, les faits particuliers dont se compose la Paléontologie seront consignés dans les différents articles de Morphologie spéciale où nous étudierons les caractères des principaux groupes de végétaux existants ou disparus; mais quant à l'histoire de l'évolution générale du règne végétal, elle appartient à la Physiologie. La distribution dans le temps des formes organiques, aussi bien que leur distribution dans l'espace, dont je viens de vous entretenir, dépend de causes obscures, il est vrai, mais que notre devoir est de rechercher et de saisir quand cela nous est possible. Au reste, ainsi que vous le verrez tout à l'heure, il est impossible de séparer la Paléontologie végétale de la Géographie botanique. La distribution géographique actuelle des végétaux n'est que la suite naturelle de leur distribution pendant la période tertiaire, de telle façon

---

génères (Anthonanthine, etc.). Les graines et les huiles. Les résines. Les glycosides. Le liquide cellulaire et ses pigments. Les substances minérales.

III. Nutrition de la substance végétale en général.

1. Conditions générales de la nutrition. — Eau. Chaleur. Lumière.
2. Aliments des plantes et leur assimilation.

   a) Absorption en général. — Assimilation des aliments tirés du sol.

   b) Respiration en général. — Assimilation des aliments tirés de l'atmosphère.

   — α Réduction. Assimilation du carbone. β Oxydation. Assimilation de l'oxygène. — Plantes parasites. Fermentations.

3. Transformation des substances (*Stoffwechsel*). — Genèse des substances albuminoïdes et leur rôle physiologique. Genèse des substances amylacées, etc... Genèse des substances minérales, etc... Sécrétions et excrétions en général.

4. Phénomènes généraux dépendant de la nutrition. — Production de chaleur; lumière; électricité. — Mouvement (mouvements de nutrition). Circulation lente, diffusion. Cyclose. Circulation cellulaire. Mouvements amœboïdes, etc.

IV. Accroissement en général, considéré comme mouvement (mouvements d'accroissement).

1. Accroissement général, intime, moléculaire (mouvements généraux d'accroissement). Influence de divers agents : lumière, chaleur, etc. Périodicité de l'accroissement.

que l'étude de la distribution des espèces à cette dernière époque est le seul moyen de saisir la raison d'être des caractères les plus importants de nos flores actuelles.

L'étude de la PHYSIOLOGIE comme celle de la Morphologie se divise en plusieurs parties distinctes. Avant d'aborder les manifestations biologiques spéciales localisées dans des systèmes de structure et de fonctions complexes, il est nécessaire de rechercher d'abord quelles sont les propriétés générales des parties élémentaires, cellules et tissus : c'est l'objet de la *Physiologie générale* ou *cellulaire*. Elle traite de la composition générale de la substance végétale, de sa constitution, de ses propriétés physicochimiques et physiologiques, de sa nutrition, de ses changements, de son accroissement.

Ces connaissances préliminaires une fois acquises, il devient possible d'étudier les phénomènes que présentent les organes spéciaux, phénomènes plus compliqués que les précédents, produits par le concours simultané de plusieurs actes physiologiques. Cette seconde partie de la science constitue la *Physiologie des orga-*

---

2. Accroissement des organes (mouvements organiques d'accroissement). — Tension en général. — Mouvements d'oppression, de géotropisme, d'héliotropisme, de nutation, périodiques, paratoniques et d'irritabilité.

B. Physiologie des *organes* (fonctions organiques).

I. Fonctions de nutrition.

a) Fonctions des racines. — Absorption des aliments placés dans le sol. Absorption des substances solubles dans l'eau. Mécanisme du phénomène. Variations dans l'absorption. Absorption des substances insolubles. Action dissolvante des racines. Force d'élévation des racines. Absorption chez les plantes aquatiques. Absorption chez les plantes inférieures.

b) Fonctions des feuilles.

1. Respiration. — Absorption des aliments atmosphériques. Assimilation du carbone. — Réduction. Mécanisme de l'assimilation chez les plantes supérieures. — Fonctions des stomates. Mécanisme de l'assimilation chez les plantes aquatiques et chez les plantes inférieures. Assimilation de l'oxygène. Oxydation chez les plantes pourvues de chlorophylle et chez celles qui en sont dépourvues.

2. Transpiration. Mécanisme. Variations.

c) Fonctions des faisceaux fibro-vasculaires. — Circulation.

1. Circulation des liquides.

nes; elle comprend les fonctions des racines, des feuilles, du système fibro-vasculaire, des organes sexuels, etc.

Si nous poursuivons la même marche analytique du simple au composé, nous arrivons à une fonction dont le siége ne se trouve ni dans un élément histiologique, ni dans un tissu, ni même dans un organe considérés isolément, mais dans l'ensemble de l'individu tout entier : cette fonction est celle du développement de l'*individu*. Dans cette nouvelle branche de la Physiologie nous aurons à considérer les propriétés de la graine, sa dissémination, sa germination; — le mode de végétation de la plante (parasite ou non, etc.), et les conditions de son développement, c'est-à-dire l'action des diverses influences cosmiques et telluriques sur sa santé, ses migrations, son acclimatation. Presque tout ce chapitre, ainsi que je l'ai dit plus haut, appartient à la Géographie botanique.

La quatrième et dernière branche de la Physiologie a pour objet l'étude des phénomènes biologiques les plus élevés et les plus complexes, de ceux qui se manifestent, non dans l'individu isolé, mais dans les *collections d'individus*. Ces collections sont

---

α) Circulation déterminée par les phénomènes d'absorption et de transpiration (sève ascendante).
Tissus conducteurs. Mécanisme. Nature de la sève.
β Circulation déterminée par les phénomènes de nutrition et d'accroissement (sève descendante). Tissus conducteurs. Mécanisme. Nature de la sève.
2. Circulation des gaz. Dans les faisceaux f. v. Dans les méats et canaux. Mécanisme. Gaz intérieurs.
Circulation dans les plantes inférieures.
II. Fonctions de reproduction.
a) Reproduction non sexuelle.
b) Reproduction sexuelle: dans les Cryptogames, dans les Phanérogames.
Floraison. Hermaphroditisme. Mono, Dioïcité. Dichogamie. Hétéromorphisme. Dissémination du pollen. Fécondation. Maturation.
C. Physiologie de l'*individu* (fonctions du développement individuel).
Faculté germinative. Germination. Développement. Conditions du développement. Influence du sol. — Stations. Influence de la chaleur et de la lumière. Altitude. Latitude. Influence des météores aqueux. Dissémination. Vents. Eaux. Animaux. Homme. Montagnes. Mers. Déserts. Naturalisation. Périodes de végétation. Décadence. Maladie. Mort.

variées, on les désigne sous les noms de variété, race, espèce, genre, famille, etc. D'une façon générale, les phénomènes dont ces divers groupes d'individus sont le siége, sont désignés sous le nom de développement, d'évolution des organismes. Comme cette évolution tend sans cesse vers le perfectionnement morphologique et physiologique, cette quatrième partie de la Physiologie recevra le nom de *Physiologie du perfectionnement des organismes*, ou, d'une façon plus générale, des *formes organiques*.

Telles sont, en peu de mots, les différentes doctrines dont l'ensemble forme, à l'heure qu'il est, la science des végétaux. Je me suis efforcé de les présenter dans leur ordre logique et d'établir aussi nettement que possible les limites de chacune. Toutefois il ne faut pas oublier qu'elles offrent de nombreux points de contact, et que celui-là seul peut se vanter d'en connaître une complètement, qui connaît également toutes les autres. De même que toutes les sciences sont sœurs et se prêtent un mutuel appui, de même aussi les branches d'une science, distinctes à leurs points extrêmes, finissent par converger ensemble dans le tronc commun, qui seul peut leur fournir les principes de leur développement individuel.

D. Physiologie des *formes organiques collectives*. (Fonctions du perfectionnement des formes organiques.)

Diverses catégories de formes collectives : variétés, races, espèces, genres, familles.

I. Production primitive des formes organiques. Influence de la pesanteur. Influence de la lumière.

II. Variabilité des formes organiques. Variations végétatives. Variations sexuelles. Croisement. Hybridation.

III. Permanence et hérédité des formes organiques. Formes non héréditaires. Formes héréditaires.

IV. Sélection des formes organiques. Sélection artificielle. Sélection naturelle.

V. Filiation des formes organiques. Preuves directes. Preuves indirectes.

α Morphogénie organique.

β Développement des formes organiques à la surface du globe (Paléontologie générale).

γ Distribution géographique actuelle (aires des espèces, genres, familles).

VI. Du perfectionnement des formes organiques et de leur adaptation. — Métamorphose. Harmonie. Plan de composition.

J'arrive à la seconde question que j'ai posée au commencement de cette leçon : Quelle est l'importance de la Botanique ?

L'importance d'une science se mesure aux conséquences qui en découlent ; celles-ci sont de deux ordres, pratiques et philosophiques. Il ne sera pas nécessaire d'insister ici sur les premières. Tout le monde sait que la Médecine emprunte au règne végétal la plupart des médicaments dont elle fait usage, et que la Pathologie a constaté, dans plusieurs maladies, la présence de microphytes à la surface et jusque dans l'épaisseur de nos organes. On se rappelle la découverte récente des ferments végétaux et la lumière qu'elle a jetée sur les phénomènes qui intéressent le plus l'économie domestique. Enfin, il n'est personne qui ne reconnaisse l'influence croissante qu'exercent sur notre bien-être l'Agriculture et l'Horticulture. Ces applications, pour être faites avec sens, demandent une connaissance générale des principes scientifiques de la Botanique, et celle-ci, à son tour, peut en tirer des indications précieuses.

L'importance de la Botanique au point de vue philosophique n'est pas moins évidente que son utilité pure ; il importe seulement, pour l'apprécier, de posséder quelques connaissances générales en sciences naturelles. La rareté de ces connaissances et l'absence de philosophie sont les seules raisons pour lesquelles il existe encore tant d'opinions erronées sur ce point. Il n'est pas rare, en effet, de rencontrer non-seulement des gens du monde, mais encore des naturalistes, qui traitent notre science de science de mots. Ce reproche, la Botanique peut sembler l'avoir mérité jusqu'au commencement de ce siècle, à une époque où les premiers observateurs, envahis par les détails qui s'offraient à eux de toutes parts, cherchaient à démêler quelques points de vue généraux au moyen de déterminations et de classifications préliminaires. Mais il n'y a rien là qui doive étonner un esprit habitué à la réflexion. Une période semblable de tâtonnements se retrouve dans l'histoire de toutes les sciences ; elle est dans l'ordre même des choses et précède forcément la phase du développement méthodique et raisonné, comme l'embryon précède la plante adulte.

A l'heure qu'il est, continuer d'adresser à la Botanique ce reproche immérité, c'est faire preuve d'étroitesse d'esprit, et montrer l'ignorance la plus inexcusable des progrès qu'elle a réalisés depuis le commencement de ce siècle et surtout dans ces dernières années.

Pour traiter d'une façon un peu complète de l'importance de la science qui nous occupe, il faudrait passer en revue successivement les diverses vérités Botaniques et montrer quelle est la place qu'elles occupent dans l'ensemble de nos connaissances. Un programme aussi étendu ne saurait être rempli dans le court espace de temps qui me reste ; je me bornerai à faire ressortir les rapports des différentes branches de la Botanique avec les sciences les plus voisines, Zoologie et Géologie.

Commençons par les rapports de la Morphologie végétale avec la Zoologie.

Il y a trente ans, l'Histiologie animale n'existait pas. C'est à peine si la nature cellulaire de l'œuf, des éléments de l'épiderme, des globules du sang, avait été reconnue. La structure des tissus si divers qui entrent dans la composition de nos organes était encore une énigme. On manquait de théorie générale de l'accroissement. Cependant, grâce aux travaux des botanistes, la Morphologie cellulaire végétale avait acquis déjà un haut degré de perfection. La forme relativement simple de la cellule végétale, sa résistance, avaient permis d'établir ce principe que tous les tissus végétaux sont composés d'éléments qui, quelle que soit leur forme, dérivent de la cellule. L'accroissement individuel aussi bien que la multiplication de ces dernières étaient connus, et le phénomène de l'accroissement des organes se présentait partout sous la forme plus simple de la multiplication cellulaire. C'est alors qu'un homme d'un génie peu commun, Schwann, eut l'heureuse idée d'appliquer ces connaissances à la Zoologie, en étudiant comparativement la structure des plantes et celle des animaux. Rapprochant les uns des autres, dans les deux règnes, les éléments des cellules, les cellules elles-mêmes, enfin les tissus, il parvint à donner la théorie générale de la structure intime et du développement des divers tissus animaux. A dater de ce jour l'Histiologie animale devint une science, et cette grande vérité morphologique, que la cellule est l'élément de toute organisation, fut reconnue sans conteste.

Ce fait historique est un des exemples les plus frappants de la dépendance naturelle des sciences naturelles et des résultats auxquels peut conduire la méthode comparative. Ce qui a été fait déjà par ce moyen est un sûr garant de ce que l'on peut faire encore. L'Histiologie animale n'est point encore arrivée à sa perfection, et celui qui en étudie les points de vue généraux sent à chaque instant le besoin de la Morphologie cellulaire végétale. Encore aujourd'hui, il existe en Botanique des points d'Histiologie qui sont plus avancés que les parties correspondantes de la Zoologie, et dont l'étude comparative dans les deux règnes produira certainement des résultats importants. L'étude de la Morphologie cellulaire végétale sera utile non-seulement à l'investigateur, en lui permettant d'introduire dans l'Histiologie animale des considérations nouvelles, mais aussi au professeur, en lui fournissant des exemples plus simples, et par conséquent plus facilement saisissables. Il serait à désirer qu'un cours d'Histiologie animale fût toujours précédé de quelques leçons d'Histiologie botanique : l'esprit surmonterait ainsi plus facilement les premières difficultés inhérentes à tout nouvel ordre de choses ; après avoir acquis par l'étude de cette dernière science des notions claires et précises, il lui serait possible d'aborder avec assurance l'interprétation des phénomènes plus compliqués que présente la cellule animale.

Mais ce n'est pas seulement en Histiologie que la Zoologie et la Botanique se prêtent un mutuel appui. La plupart des lois générales aussi bien qu'un grand nombre de faits particuliers de la Morphologie ont besoin du concours simultané des deux sciences, afin d'être compris et démontrés d'une façon aussi complète que possible; les lois de la Tératologie sont de ce nombre. C'est uniquement par l'étude comparative des deux règnes qu'il devient possible à l'observateur d'atteindre le double but que se propose cette science, à savoir : en premier lieu, la connaissance des lois générales communes à tous les êtres organisés; ensuite, celle des lois particulières applicables seulement à un règne ou à des groupes moins importants. De même, les lois qui président à la distribution géographique des organismes acquièrent souvent une généralité plus grande et un caractère plus élevé de certitude, par le rapprochement éclairé des deux règnes ; dans tous les cas, elles en reçoivent un intérêt nouveau. Beaucoup de faits paléontologiques peuvent être induits d'un règne à l'autre avec une probabilité si grande qu'elle touche à la certitude. Ainsi, la présence, à l'état fossile, de certains insectes qui vivent exclusivement sur les grandes espèces de champignons, démontre l'existence de ces derniers dans les mêmes terrains, bien qu'on n'en retrouve aucun vestige. D'après le même principe, on peut conclure de la présence de certaines plantes dans une formation, à l'existence simultanée des genres d'insectes que l'on a reconnus indispensables à leur fécondation. Jusqu'à présent cet ordre de preuves n'a été employé que dans des cas exceptionnels et avec une grande réserve ; il est certainement destiné à recevoir une application très-étendue lorsque nos connaissances des rapports naturels des êtres nous permettront des inductions plus certaines et plus éloignées.

Les applications de la Morphologie végétale à la Géologie sont multiples : les unes ont trait à l'explication des phénomènes géologiques actuels, les autres à l'histoire des époques précédentes.

Les faits qui témoignent du rôle considérable que jouent les végétaux dans les phénomènes géologiques actuels sont tellement multipliés, que je devrai me borner à une rapide énumération de quelques-uns. Les végétaux sont certainement, après les agents météorologiques, les causes les plus puissantes de la désagrégation des roches. Aucune n'est à l'abri de leurs atteintes: calcaire, granite, grès, silex même, tout leur est bon. Dans ce travail de désorganisation, ce sont des lichens à peine visibles qui commencent l'attaque. A la faveur de l'humidité et de la rosée, les acides que ces plantes produisent incessamment corrodent le substratum et en désagrègent la surface molécule par molécule ; dans les interstices pénètrent les radicules microscopiques qui ébranlent les parcelles déjà disjointes. Une petite dépression se forme au-dessous de chaque individu. Les générations succèdent aux générations. Il s'accumule dans les points qu'habite la colonie une petite quantité de matières minérales et de substances organiques ; des espèces plus grandes peuvent alors végéter sur ce terrain, moins ingrat qu'il ne l'était d'abord, et continuent le travail commencé par les premières. Plus tard viennent les mousses, dont les tapis épais déposent un peu d'humus dans les anfractuosités. Les plantes herbacées s'établissent à leur tour, et au moyen des substances corrosives qu'excrètent leurs racines strient et creusent la roche dans tous les sens. Une couche de terreau s'est formée, capable de nourrir des arbustes et plus tard de grands arbres. Ceux-ci enfoncent dans les fissures des racines plus puissantes, écartent les fragments, et, les vents et la gelée aidant, finissent par ébranler et diviser les massifs les plus compacts. Si les roches sont placées sous l'eau, ce sont des algues souvent microscopiques qui se chargent de les désagréger. M. Schimper a signalé les curieux effets que produit l'*Euactis calcivora* sur les rivages calcaires des lacs. Grâce à certains principes corrosifs que sécrètent ces plantes, les pierres se trouvent creusées de sillons irréguliers qui augmentent incessamment en profondeur et donnent une plus grande prise au choc des vagues et des cailloux. Sur les bords du golfe de Bothnie, au contraire, une autre espèce d'Oscillatorinées (*O. chthonoblastes*) agglutine et fixe les grains de sable qu'apporte le flot. Dans d'autres cas (*Hydrocoleum calcilegum*), ces mêmes algues précipitent sans cesse des cristaux de carbonate de chaux, en décomposant, sous l'influence de la lumière, l'excès d'acide carbonique qui le retenait en dissolution. C'est de la même façon que les *Chara* s'incrustent de calcaire et donnent quelquefois naissance à des tufs. Les débris végétaux en décomposition au sein des eaux produisent des effets opposés. Ils engendrent, par oxydation, de l'acide carbonique qui enlève aux calcaires une portion de leur substance ; ce carbonate se dépose plus loin aussitôt que l'excès d'acide carbonique qui le tenait dissous a disparu. Tel est le phénomène qui détermine la formation de certains tufs. La présence de la végétation semble nécessaire à la formation de la limonite dans les eaux chargées de carbonate de fer. Enfin c'est par la réduction des sulfates, en présence des substances végétales, que s'explique la formation de certaines eaux sulfureuses. Je pourrais accumuler les exemples ; mais il suffira, je pense, de cette rapide énumération pour montrer quelle est l'importance de la Botanique dans l'étude de la Géologie du monde actuel.

En général, les phénomènes qui nous occupent en ce moment marchent avec une lenteur excessive ; leur action est à peine appréciable lorsqu'il s'agit d'intervalles aussi courts que ceux que nous pouvons mettre entre deux observations successives, mais avec le temps ils finissent par produire des effets souvent surprenants. Qu'il me soit permis d'apporter un exemple à l'appui de cette dernière proposition.

Les Diatomées constituent une famille extrêmement nombreuse en espèces d'algues microscopiques, répandue sous toutes les latitudes, à toutes les hauteurs et dans tous les milieux, puisqu'il en existe dans la neige et même dans l'atmosphère. L'eau est leur habitat de prédilection. Leur organisation est très-simple : chaque individu se trouve composé d'une cellule seulement. Grâce à la présence d'une très-forte proportion de silice dans l'épaisseur de leur membrane, celle-ci persiste après leur mort comme une sorte de squelette extérieur. Les dimensions de ces cellules-individus sont en rapport avec leur simplicité organique ; elles varient entre 1/100 et 1/10 de millimètre environ, c'est-à-dire qu'un grand nombre n'offrent pas un volume aussi considérable que celui d'un globule du sang de la grenouille. Leur multiplication se fait avec une rapidité inouïe, de sorte que, malgré leur petitesse, elles forment dans nos eaux douces de véritables nuages d'écume qui en couvrent la surface. A l'embouchure de certains fleuves peu rapides, leur nombre est tellement immense que leurs carapaces constituent jusqu'à un quart de la quantité totale du limon qui se dépose. Hooker a constaté dans son voyage au pôle austral que du 60e au 80e parallèle, les mers antarctiques sont colorées en jaune brun par ces organismes sur des espaces presque sans bornes. Entre le 76e et le 78e degré de latitude australe, les Diatomées forment, par l'accumulation de leurs dépouilles au fond de la mer, un véritable banc de deux pieds au moins d'épaisseur sur plusieurs centaines de milles anglais de développement. Ce sont des bancs semblables qui constituent la roche appelée tripoli et *Kieselguhr*; la pureté de cette silice et son extrême ténuité la rendent très-propre au polissage des métaux et à la fabrication du silicate de soude. Il en existe de nombreux gisements, par exemple à Clermont en France; Franzensbad, Lunebourg et Bilin en Allemagne; Égine et Tripoli dans l'Orient; dans l'Amérique du Nord, etc. Ces dépôts ont en général quelques pieds d'épaisseur seulement et alternent avec des couches de composition différente; à Lunebourg et à Bilin ils arrivent à une puissance de quarante pieds. Les plus considérables que l'on connaisse sont dans l'Amérique du Nord sur les bords de la rivière Columbia. Dans un point de son parcours cette rivière se trouve resserrée entre des escarpements à pic de sept à huit cents pieds anglais d'élévation, constitués en totalité par un tripoli très-pur. Cette couche atteint l'épaisseur énorme de cinq cents pieds anglais. Elle est antérieure à l'époque actuelle et formée par des diatomées d'eau douce. L'esprit recule d'abord effrayé devant le nombre presque incalculable d'années nécessaires à l'accumulation d'un tel dépôt : à ce sentiment succède bientôt l'admiration pour cet enchaînement merveilleux de causes et d'effets qui permet à chaque être, même au plus humble, de remplir, à son heure, la première place dans l'harmonie générale de la nature.

Les développements qui précèdent ont eu surtout pour objet de montrer quelle est l'importance de la Botanique dans l'explication des phénomènes géologiques actuels; cette science n'est pas moins féconde en applications à la géologie du monde ancien.

Dans un grand nombre de formations terrestres et lacustres, les fossiles animaux sont très-rares ou même manquent tout à fait : c'est ce qui arrive pour la presque totalité de la grande série houillère et pour plusieurs dépôts des époques triasique, jurassique, crétacée et tertiaire ; dans ce cas, la stratigraphie trouve dans la paléontologie botanique un auxiliaire indispensable. « Les marnes irisées, certaines formations des terrains jurassique et crétacé renferment une houille souvent toute semblable à celle de l'époque houillère proprement dite, mais elle ne forme d'ordinaire qu'un très-petit nombre de couches peu puissantes et peu étendues. La qualité de ce charbon peut tromper le mineur le plus expérimenté et lui faire croire qu'il a rencontré une véritable formation houillère. Mais si toutes les données géologiques précises lui font défaut, il suffira d'un seul fragment d'*Equisetum columnare* ou d'*Equisetum Meriani* pour qu'il reconnaisse immédiatement les marnes irisées. De même, une tige d'*Equisetum Münsteri* ou d'*Equisetum hærense* indique le lias supérieur, l'*Equisetum Burchardti* le wealdien ou crétacé inférieur. Ainsi un seul type de végétaux, celui des Équisétacées, suffit à nous guider à travers le labyrinthe des terrains anciens, et à nous faire reconnaître avec certitude chacune des formations dont ils se composent » (Schimper).

Parmi les applications de la Botanique à la Géologie, les plus intéressantes peut-être sont celles qui ont trait à la climatologie du monde ancien. Dans cet ordre de recherches, la considération des types Zoologiques est loin de nous fournir des résultats aussi nets que l'étude des végétaux fossiles ; cela vient de ce que les animaux sont beaucoup moins dépendants des influences extérieures que les plantes. En effet, les espèces inférieures du règne animal habitant généralement les eaux, sont exposées à une température comparativement uniforme ; elles peuvent même, en s'élevant vers la surface ou s'enfonçant davantage, échapper aux variations peu étendues qui se produisent. Quant aux animaux supérieurs, dont l'habitat est terrestre et non aquatique, non seulement leur système cutané est capable d'adaptations qui atténuent les effets de la chaleur et du froid, mais encore ils sont doués d'organes et d'instincts variés qui leur permettent de se mettre à l'abri des influences climatériques défavorables. Chez les végétaux terrestres, rien de semblable : là où une plante a germé il faut qu'elle reste. Si la quantité totale de chaleur nécessaire à son développement complet, depuis la germination jusqu'à la maturation du fruit, n'est pas produite, c'est-à-dire si la température moyenne annuelle, ou seulement estivale, baisse au-dessous d'une certaine limite, elle disparaît. Les végétaux peuvent aussi nous renseigner sur les températures extrêmes des saisons. Telle plante qui végète activement sous l'influence d'une certaine température annuelle, ne pourra subsister dans un autre lieu où la température moyenne de l'année est égale, mais où des variations excessives, soit de chaleur, soit de froid, mettraient à chaque instant son existence en péril. D'après cela, on peut, par la seule étude de l'ensemble de la végétation d'une contrée, construire non-seulement les lignes isothermes, mais encore les isothères et isochimènes de cette dernière. C'est donc avec raison que la plante a été comparée à un thermomètre ; sa dépendance étroite de l'humidité de l'air en fait aussi un psychromètre très-sensible. Beaucoup d'espèces qui préfèrent l'ombre à la lumière deviennent, entre les mains de l'observateur, de véritables photomètres. Quant à la détermination de l'altitude, de la nature du sol ou des eaux, les résultats que fournit la considération de quelques formes caractéristiques le cèdent à peine pour l'exactitude au baromètre et à l'analyse chimique.

Les principes que je viens d'indiquer ont donné lieu déjà à des applications très-importantes au point de vue de l'histoire climatologique de notre planète. Je me bornerai à donner un court aperçu de la marche de la température à la surface du globe pendant les périodes géologiques[1].

---

[1] Les Fougères et Lycopodiacées de l'époque houillère nous montrent qu'alors la surface entière du globe, du pôle à l'équateur, jouissait d'une température moyenne de 22 à 25º C. ; c'est celle que présente actuellement la région équatoriale. La flore des périodes permienne et triasique indique une température moins égale,

La végétation houillère nous montre qu'à cette époque la température du globe tout entier, du pôle à l'équateur, était en moyenne de 22° à 25° C.; c'est la température actuelle de la zone équatoriale. D'après les flores permienne, triasique, jurassique et crétacée, il est permis de conclure que pendant ces quatre grandes périodes la température ne diminua pas sensiblement; le climat seul changea et devint plus sec, par suite, sans doute, de

quoique toujours tropical : à côté des végétaux de l'époque précédente se trouvent des Conifères et des Cycadées, amies d'un climat plus sec et d'un air plus pur. Elles couvraient les montagnes encore peu élevées qui étaient venues accidenter l'uniformité des îles marécageuses où s'étaient formés précédemment les bassins houillers. Pendant la période jurassique, le climat devient de plus en plus continental : « les plantes qui ne vivent que dans une atmosphère humide et chaude, » dans des marais peu élevés au-dessus du niveau de la mer, n'occupent plus » que quelques bas-fonds dispersés sur les côtes ou dans l'intérieur des terres, et » l'on voit prédominer celles qui aiment un sol et un air secs, le climat des hau- » teurs. » (Schimper.)

D'après la flore des couches crétacées moyennes et supérieures, il est possible de reconnaître qu'en Europe la température avait à peine baissé à cette époque, et que les continents continuaient à s'étendre. Des conditions climatologiques sensiblement pareilles caractérisent le commencement de l'époque tertiaire. Nos pays jouissaient alors d'un climat analogue à celui de la zone subtropicale. A partir de l'époque miocène, les variations climatologiques s'accentuent davantage, et, grâce à des matériaux de plus en plus nombreux, elles ont pu être déterminées avec une rigueur croissante et vraiment remarquable. Afin de présenter ces faits dans leur jour véritable et d'en apprécier les résultats à leur juste valeur, il est nécessaire d'entrer ici dans quelques développements.

A l'époque du miocène inférieur, la température moyenne de la Provence et de la Suisse était, comme celle de la zone subtropicale actuelle, de 20 à 22° C. A côté des types purement tropicaux, tels que les *Lygodium*, les *Acacia*, les grands Palmiers, on trouve des genres qui n'habitent actuellement que la zone tempérée : les Aulnes, Bouleaux, Charmes, Noisetiers, Hêtres, Ormes, Érables, etc... A la même époque, dans le Groënland, à Atanekerdluck, par le 70e degré de latitude boréale, florissait une végétation très-puissante, presque complètement ligneuse, analogue à celle des forêts de nos régions tempérées. A côté des *Sequoias*, conifères qui n'existent plus qu'en Californie, et d'autres plantes de la même famille dont les parents les plus proches se trouvent actuellement au Japon, s'élevaient de nombreux représentants de ces essences qui forment le fond de la végétation forestière de nos pays, tels que Peupliers, Bouleaux, Noisetiers, Hêtres, Chênes, etc.... Un certain nombre de ces végétaux, comme cela a lieu dans la zone tempérée chaude, étaient à feuilles persistantes. La comparaison de toutes ces formes avec

l'extension graduelle des continents. Au commencement de la période tertiaire, la température de nos pays n'avait encore baissé que de 2° à 3° C.; néanmoins elle n'était plus que celle de la région subtropicale actuelle. A partir de l'époque miocène, le refroidissement s'accentue davantage, surtout vers les pôles; on voit la végétation subtropicale disparaître insensiblement et céder peu à peu la place, pendant le miocène supérieur et le pliocène, à des formes septentrionales analogues de celles que nous

---

leurs représentants dans l'ordre actuel, a permis d'établir que la moyenne annuelle de la température, à ce point du Groënland, était de 9°,5 au minimum, au lieu de — 6°,3 que l'on trouve actuellement au même lieu. C'était à peu près le climat actuel de Paris, mais il devait être beaucoup plus uniforme.

Pendant la formation de la molasse suisse et des schistes d'Œningen, c'est-à-dire à l'époque du miocène supérieur, la température s'abaisse sensiblement. Les genres purement tropicaux ont presque disparu de notre Europe; on y rencontre surtout des formes subtropicales mêlées aux Amentacées que nous avons signalées plus haut comme caractéristiques des climats tempérés. A la même époque, c'est-à-dire au moment où se formaient la plupart des dépôts de lignites que l'on a récemment constatés tout autour du pôle nord, à la terre de Banks, au Groënland, en Islande, au Spitzberg, sur les bords du fleuve Mackensie et de la Léna, c'est-à-dire depuis le cercle polaire jusqu'au 78e degré de latitude, le climat était également devenu dans ces régions un peu plus froid qu'à l'époque antérieure. D'après les remarquables recherches de M. Heer, la température moyenne de l'année était alors en Suisse de 21°, en Islande et dans le Groënland septentrional de 9°, au Spitzberg de 5°,5 C. Alors, comme aux époques antérieures, la température diminuait moins rapidement qu'aujourd'hui de l'équateur vers les pôles.

Pendant l'époque pliocène, le refroidissement graduel continue. Les forêts de ce temps, depuis l'Italie, la Styrie, jusqu'à la Silésie, ne contiennent plus de types réellement tropicaux; « les types subtropicaux ont décliné presque aussi rapide-
» ment : les Laurinées, les Figuiers, les Plaqueminiers, les Myrsinées, ont diminué
» de nombre et d'importance » (de Saporta). A leur place se trouvent des représentants de plus en plus nombreux des formes septentrionales. Vers le Nord, le refroidissement devait vraisemblablement marcher dans la même proportion que dans nos pays, sinon plus rapidement. Les forêts si puissantes qui couvraient les régions boréales à l'époque antérieure étaient alors immergées pour la plupart, et les types de ces régions plus froides continuaient leur marche envahissante vers le Sud. C'est ainsi que la végétation acquérait peu à peu dans nos climats un caractère analogue à celui qu'elle offre encore aujourd'hui.

Au commencement de l'époque quaternaire, la température de nos pays éprouva de grandes oscillations. L'Europe centrale fut à plusieurs reprises différentes envahie et abandonnée par d'immenses glaciers, tandis que des glaces flottantes par-

avons maintenant sous les yeux. D'après le caractère de la végétation, nous pouvons conclure qu'au commencement de l'époque quaternaire nos régions jouissaient d'une température sensiblement égale à celle qu'elles offrent actuellement. Cette dernière époque apporta de nouveaux changements ; les flores quaternaires indiquent de grandes oscillations de température en rapport avec les phénomènes d'extension et de retrait des glaciers. Ce n'est qu'après différentes variations dans leur caractère, variations corrélatives de celles des climats, que nous voyons s'établir à la fois et la flore et le climat modernes.

Ainsi se trouve expliquée en grande partie la composition de de nos flores actuelles. En combinant entre elles les données que

---

couraient les mers du Nord. Ces phénomènes se reflètent dans la composition des différentes flores quaternaires que l'on a pu examiner jusqu'ici. Grâce à l'étude de ces matériaux, il a été possible de déterminer les changements climatériques correspondants avec quelque précision. Pour ne parler que de la région méditerranéenne, les dépôts quaternaires les plus anciens nous indiquent un climat analogue au climat actuel, mais plus humide ; on y retrouve encore quelques formes tertiaires. Un peu plus tard, celles-ci ont complètement disparu ; la température avait dû baisser à cette seconde époque par l'effet de la première extension des glaciers. Après cette première période glaciaire, la Provence jouissait d'un climat peu variable ; la température hibernale paraît y avoir été de 8 à 10° en moyenne ; elle devait s'abaisser très-rarement à 5 ou 6° et s'élever peu au-dessus de 12° ; la température estivale se maintenait à 20° C., sauf quelques variations limitées. « Un » climat pareil, dont la moyenne annuelle serait de 14 à 15°, expliquerait suffisamment l'association du hêtre, du tilleul, du pin de Salzmann et des divers érables » avec le laurier des Canaries et le laurier ordinaire. » « Dans la période suivante, » — je continue à laisser parler M. de Saporta, dont les travaux ont jeté une si vive lumière sur ce sujet, — « la température se serait abaissée ; les lauriers » auraient disparu ou se seraient retirés. Cette période, pour laquelle nous n'avons » que des données conjecturales provenant du fait même de l'élimination des espèces anciennes, aurait eu pour effet de cantonner dans d'étroites limites toutes » les essences méridionales, et spécialement la vigne et le figuier, d'abord répandus » partout et plus tard devenus assez rares pour que leur introduction ait pu être » attribuée à la seule action de l'homme. Cette période, d'une durée indéterminée, » correspondrait à celle de la plus grande extension des glaciers. Le climat, dans » une dernière période, serait insensiblement devenu plus continental et enfin plus » sec, transformation à la suite de laquelle, grâce à un retour de chaleur, les espèces actuelles des bords de la Méditerranée se seraient étendues et combinées » dans les proportions que nous leur connaissons. »

nous fournissent la climatologie et la géologie, il n'est pas moins facile de se rendre compte du fait si curieux de la présence simultanée d'un grand nombre d'espèces végétales à la fois au sommet de nos Alpes et dans les régions polaires de l'hémisphère boréal. A l'époque du dernier grand refroidissement, ces espèces vivaient le long des glaciers, qui se prolongeaient jusque dans nos plaines, absolument comme elles habitent encore aujourd'hui les plaines de la Laponie et les rivages glaciaires du Spitzberg et du Groënland. Lorsque vint le réchauffement de notre hémisphère, elles durent quitter nos climats, devenus trop chauds, et remonter vers le pôle avec les isothermes qui réglaient leur distribution. Mais en même temps que les uns allaient dans les régions boréales reprendre possession de leurs anciennes habitations, les autres suivaient la retraite graduelle des glaciers sur le flanc des montagnes, où elles trouvaient la température et l'humidité nécessaires à leur développement. Par là même se trouve également expliqué le fait si remarquable de la présence d'un grand nombre d'espèces identiques au sommet des montagnes de l'Europe et de l'Amérique; en effet, ces espèces communes aux deux pays sont celles qui caractérisent les régions arctiques.

Je ne puis pas m'empêcher de tirer encore des faits qui précèdent un exemple très-instructif des applications de la Botanique à la Géologie. On sait qu'il est quelquefois possible à cette dernière science de déterminer la composition de l'écorce terrestre dans des points qui sont complètement soustraits à l'observation directe : c'est ainsi que l'on admet l'existence des terrains crétacé et jurassique au-dessous des formations tertiaires du bassin de Paris. Mais, afin d'établir ce genre de démonstration, il faut des points de repère, des affleurements, et il est de plus nécessaire que ces derniers ne soient pas placés à de trop grandes distances les uns des autres. En l'absence de ces conditions, et lorsqu'il s'agit d'étendues considérables, il est impossible d'arriver à la moindre présomption sur la présence ou l'absence de tel ou tel terrain. Un géologue serait, je crois, fort embarrassé de nous dire si, pendant l'époque miocène, l'Amérique septentrionale était reliée à l'Europe de façon à former avec cette dernière un seul continent, ou si ces deux parties du monde étaient déjà séparées par un océan. La réponse à cette question purement géologique a été donnée par un paléontologiste, M. Heer. Comparant entre elles les flores miocènes de l'Amérique, de l'Europe et des régions boréales, il a montré qu'elles offrent une ressemblance tellement étroite, que ces trois régions, maintenant isolées, devaient être reliées largement les unes aux autres par une grande terre, de de façon à ne former qu'un immense continent. L'étude des rapports de la flore actuelle des îles de l'Atlantique avec celles de l'Europe et de l'Amérique lui a permis d'établir approximativement les limites de ce grand continent. Il a rendu extrêmement probable « qu'à l'époque miocène une vaste terre (l'Atlantide) s'étendait des côtes occidentales de l'Europe jusqu'à l'Amérique vers l'ouest, au nord jusqu'à l'Islande, et vers le sud atteignait, au moyen de prolongements isolés, jusqu'aux îles de l'océan Atlantique ; entre ces îles et le continent africain devait s'étendre un bras de mer jusqu'à la baie de Biscaye. Tandis qu'aujourd'hui l'Europe constitue une presqu'île de l'Asie, à l'époque dont nous parlons elle aurait été séparée de cette dernière et aurait formé une presqu'île du continent Atlantique et de l'Amérique » (Heer). Plus tard l'Océan sépara nos pays du nouveau Monde; à peu près à la même époque, la grande mer qui s'étendait auparavant entre l'Europe et l'Asie disparut, notre flore entra en libre communication avec celle de l'Orient, et perdit bientôt son caractère américain, pour prendre la physionomie asiatique qu'elle offre actuellement.

Les rapports de la Morphologie végétale avec la Zoologie et la Géologie sont à peu près les seuls qui nous aient occupés jusqu'à présent ; il nous reste à considérer ceux que présentent les mêmes sciences avec la Physiologie végétale. Comme les exemples donnés plus haut indiquent suffisamment quelle est l'influence de la vie végétale sur les phénomènes géologiques, je me bornerai à signaler les connexions que présente la Physiologie des animaux avec celle des plantes.

La Physiologie végétale offre avec la Physiologie générale des animaux des connexions nombreuses et importantes : il n'en saurait être autrement, puisque la Physiologie générale a pour objet les phénomènes primordiaux inhérents à tout être vivant. Dans son acception la plus étendue, la Physiologie générale n'est ni botanique ni zoologique, mais s'applique à l'ensemble des organismes. Aussi ne faut-il pas s'étonner si une découverte dans ce domaine, qu'elle soit due à un botaniste ou à un zoologiste, trouve immédiatement une application dans les deux règnes.

On se rappelle que c'est une observation de botanique qui fournit à Dutrochet le principe de sa découverte de l'endosmose. Tout ce qui a trait à ce dernier ordre de phénomènes, aussi bien qu'à la diffusion des gaz et des liquides, à l'absorption, à l'imbibition, appartient en même temps à la Physiologie des animaux et des végétaux. L'étude du mode d'agrégation des éléments moléculaires qui entrent dans la composition des membranes et du protoplasma; celle de ses changements sous l'influence de divers agents; les phénomènes intimes de l'accroissement, sont d'un ordre tout aussi général. Les végétaux, à raison de leur plus grande simplicité d'organisation et de la complication moindre des actes physiologiques, se prêtent souvent mieux que les animaux à ce genre de recherches. Ainsi, jusqu'à présent, ils sont les seuls chez qui on ait étudié l'influence de certains agents, la lumière et la pesanteur par exemple, sur la configuration et la disposition des organes. Cette partie de la Physiologie générale, que l'on peut appeler Physiologie de la forme, est née d'hier; elle ne se compose jusqu'à présent que d'un petit nombre d'observations dues à M. Hoffmeister; mais sa haute signification lui assure désormais une place importante dans la science. C'est par elle que nous arriverons à la connaissance des causes qui déterminent la forme des êtres vivants. Quelque lointain et élevé que ce but puisse paraître encore, la voie qui y conduit est ouverte, et dès aujourd'hui il n'y a plus de témérité à y prétendre.

Les phénomènes de tension appartiennent également aux deux règnes organiques. Ils n'ont encore été étudiés que chez les végétaux. Si leur théorie physique est à peine ébauchée, nous n'en possédons pas moins un grand nombre d'observations importantes qui pourraient trouver en physiologie animale d'utiles applications. Tels sont entre autres les faits relatifs aux variations périodiques dans la grandeur de la tension. Il semble très-probable que des variations semblables sont l'origine de la périodicité si curieuse et encore inexpliquée que présentent, dans un intervalle de vingt-quatre heures, un grand nombre de faits de la biologie animale, par exemple la chaleur, la proportion d'acide carbonique expiré, la tension de l'appareil vasculaire, le nombre des battements du cœur; la quantité de la bile sécrétée, de l'urée produite, etc., etc. Les recherches de M. Sachs montrent que l'accroissement des végétaux est soumis à des variations périodiques semblables à celles de la tension ; comme cette dernière aussi, il est profondément affecté par l'action des grands modificateurs: lumière, chaleur, etc. Un phénomène de cet ordre ne peut être que général, et sans aucun doute les physiologistes ne tarderont pas à constater dans l'accroissement des animaux des lois analogues. Il ne serait pas difficile de faire encore d'autres rapprochements non moins intéressants ; je m'arrête néanmoins : il me semble inutile d'insister davantage sur la nécessité d'étudier la Physiologie cellulaire au point de vue comparatif dans les deux règnes, elle ressort d'une façon nécessaire de l'universalité même des phénomènes qui font l'objet de cette science.

La Physiologie du perfectionnement organique présente le même degré de généralité que la Physiologie cellulaire : comme cette dernière, elle embrasse les deux règnes. Animaux et plantes nous paraissent comme placés dans le temps entre leurs ancêtres et leurs descendants ; sollicités par deux tendances opposées, celle de la permanence des formes et celle de la variation, ils ne ressemblent, le plus souvent, ni à leurs parents ni à leurs enfants. Les formes individuelles obéissent d'une manière inégale aux deux tendances que je viens de signaler: tantôt elles restent pendant de longues périodes semblables à elles-mêmes, et l'hérédité des caractères semble présider seule à leur production ; tantôt les dissimilitudes se succèdent et s'accumulent rapidement, la tendance à la variation l'emporte sur la tendance opposée. Les effets de cette double influence sont plus ou moins marqués suivant les types, les temps et les lieux ; une observation attentive amène le plus souvent à les faire reconnaître. Ainsi donc, la forme des êtres organisés ne présente, pas plus que les autres faits dont s'occupe leur histoire, le caractère de la fixité et de l'invariabilité; cette forme nous paraît, non à l'état de repos ou statique, mais à l'état de mouvement continuel ou dynamique.

Dans les deux règnes, ce mouvement, si capricieux et irrégulier qu'il puisse paraître lorsqu'on a égard seulement à de courtes périodes, n'en suit pas moins, avec le temps, une ligne générale parfaitement définie ; aussi a-t-on pu le caractériser par les expressions de développement, d'évolution, qui excluent toute idée de hasard et d'irrégularité. La ligne suivant laquelle ce mouvement se produit a reçu des morphologistes le nom de plan de composition. Les plans généraux de composition sont complètement analogues dans les deux règnes : chez les végétaux aussi bien que chez les animaux, ils prennent leur point de départ dans les formes les plus simples au point de vue géométrique, pour s'élever insensiblement aux plus compliquées ; le développement physiologique suit la même marche, de sorte que, en résumé, la formule générale du développement organique c'est le perfectionnement.

Jusqu'à ces derniers temps, malgré les travaux de Lamarck, le perfectionnement des organismes n'était qu'un fait. Reconnu par l'Anatomie et la Morphogénie comparées, déterminé pour les périodes du temps par la Paléontologie, il n'était point sorti du domaine de la Morphologie pure. On considérait les affinités organiques, aussi bien que les relations diverses qu'offrent les êtres dans leur apparition à la surface du globe, comme un ensemble de rapports dont la raison devait à tout jamais nous rester cachée. Dans ces dernières années, un grand progrès a été réalisé : le perfectionnement organique a passé de la Morphologie dans le domaine de la Physiologie. Grâce surtout aux travaux de Darwin, il est devenu une fonction que nous devons étudier, comme les autres, par les moyens que met à notre disposition la méthode scientifique. Actuellement, les rapports morphologiques et la succession des êtres aux différentes périodes géologiques nous apparaissent comme étant d'un ordre purement naturel. De même que nous demandons aux sciences physico-chimiques l'explication des phénomènes de la respiration et de la circulation, de même aussi nous cherchons les conditions et les causes du perfectionnement organique dans les forces inhérentes à la matière.

Les travaux de Darwin sont un exemple des résultats que l'on peut espérer par cette méthode ; ils nous montrent en même temps que cette partie de la science doit être traitée au point de vue comparatif dans les deux règnes. Si, malgré tant d'efforts, la Physiologie du perfectionnement organique n'a point encore atteint un plus haut degré de perfection, on doit l'attribuer au développement inégal des différentes branches qui la constituent. En effet, nous possédons un bon nombre de connaissances certaines sur trois des actes principaux qui concourent à l'accomplissement de cette fonction : l'hérédité, la variation, la sélection ; mais sur les causes qui déterminent la forme des organes et des individus, phénomène primordial et tout à fait essentiel, c'est à peine si nous avons quelques données. Après la résolution de ce dernier problème seulement, et lorsque nous connaîtrons les causes qui impriment à la matière organisée ses différentes formes, nous pourrons nous rendre compte de l'apparition de ces dernières, saisir la raison de leur permanence et celle de leur variation, et finalement comprendre comment la sélection, depuis l'origine des choses, en conservant les unes et supprimant les autres, dirige leur évolution générale vers un but idéal de plus en plus parfait. Alors le vaste ensemble de l'organisation et l'histoire de son développement, depuis le plus mince détail jusqu'aux faits les plus essentiels, offriront à notre esprit le tableau de l'enchaînement nécessaire des causes et des effets, but suprême de ses efforts.

www.ingramcontent.com/pod-product-compliance
Lightning Source LLC
Chambersburg PA
CBHW060908050426
42453CB00010B/1600